다뉴브강의 추억

시조사랑시인선 29

황길신 시조집

다뉴브강의 추억

열린출판

다뉴브강의 추억

1판 1쇄 발행 2022년 11월 15일

지은이 | 황 길 신
펴낸곳 | 열린출판
등록 | 제 307-2019-14호
주소 | 서울특별시 서대문구 통일로 48길 13, 201호
전화 | 02-6953-0442
팩스 | 02-6455-5795
전자우편 | open2019@daum.net
디자인 | SEED디자인
인쇄 | 삼양프로세스

ⓒ 황길신, 2022
ISBN 979-11-91201-33-8 03810

*책값은 뒤표지에 표시되어 있습니다.
*저자와 협의하여 인지를 생략합니다.

■ 시인의 말

　국내외 정세가 요동치고 있다. 3년 차 전 세계를 휩쓸고 있는 Covid-19 바이러스는 좀처럼 물러갈 줄을 모른다. 우크라이나 전쟁도 가까운 장래에 끝날 기미가 보이지 않는 것 같다. 20세기 말 독일 통일을 중심으로 유럽 통합에 결정적 역할을 했던 고르바초프 구소련 대통령도 갔다. 푸틴이 고르바초프의 시신을 물끄러미 바라보고 있는 영상이 인상적이었다. 그 순간 그는 무슨 생각을 했을까. 전쟁을 빨리 끝내고 세계 평화를 위하여 뭔가 좋은 일을 해야겠다고 생각했기를 혼자서 기대해본다.
　가뭄과 홍수, 태풍 등 기후변화로 인한 자연재해가 세계 곳곳을 강타하여 인류의 안전한 생존을 위협하고 있다. 불확실성 시대를 살고 있는 우리는 한 치 앞 미래도 내다볼 수 없는 처지에서 그저 하늘에 구원의 손길을 기대할 수밖에 없는 현실이다. 우리에게 주어지는 하루하루를 감사하면서 뚜벅뚜벅 갈 길을 가는 것이 우리가 할 수 있는 최선의 삶이 아니겠는가.
　시조를 배우겠다고 입문한 지가 벌써 6년이란 세월이 흘렀다. 시조집 하나라도 이름을 지을 시간이 넘쳤는데 이제야 첫 집을 내보려고 하니 부끄러운 마음이 앞선다. 더 이상

미룰 수도 없어 용기를 내어 시작했으나 진척이 느리다. 본래 글재주가 없는 사람이 황혼 녘에 과욕을 부려 써보려고 하니 어려움이 보통이 아니다. 전업 작가들도 한 구절 아이디어가 떠오르지 않아 며칠을 두고 고민한다는 말이 그나마 내게 위안을 준다.

  발길을 내디뎠으니 가다가 중지할 수는 없다. 스스로 호흡하고 걸을 수 있고 잘하든 못하든 사유할 수 있는 한 이 길을 가려고 한다. 신이 내게 허락한 시간이 얼마나 남았는지는 알 수 없지만 가는 데까지 가보겠다.

  한 편의 시를 쓰기 위하여 머리에서 생각을 정리하고 초안을 잡아도 작품이란 이름을 붙이기까지 시간이 꽤 많이 걸린다. 써놓고 왔다 갔다 하면서 고치고 또 고쳐도 흡족한 글이 나올 때가 거의 없다. 이 시조집은 그렇게 세상에 나온 미완의 시조들을 모은 것이다. 미흡한 것이라도 이름 하나 지어놓으면 그것이 성장의 밑거름이 될 수도 있으리라는 기대를 해본다.

  이 시조집이 나오기까지 길을 안내해주신 분들에게 감사의 마음을 드린다. 시조가 중고시절에 살짝 맛보고, 머릿속에 몇 편 남아 있는 고시조 정도로 알고 있는 나에게 현대시조의 멋을 알게 해주신 여강 원용우 교수님, 나를 시조의 바다로 유도해 허우적거리게 만든 친구 인당 정진상 시인님, 강의 및 귀한 저서의 집필을 통하여 나의 시조 공부에 직간

접으로 도움을 주신 한국시조협회 전 현직 이사장님들, 그리고 감동의 시조를 써주시는 임원님들, 문학 선배 문우님들께 감사드린다. 틈틈이 조언을 주신 한실 문예 창작실 지도교수 박덕은 교수님, 향촌 문학회 정성수 회장님께도 감사드린다. 책 출간을 위하여 애써주신 열린출판 임직원께도 감사드린다. 끝으로 간간이 신선한 아이디어를 제공해 준 가족들 특히 표지화를 이쁘게 그려 준 외손녀 노이에게 고마움을 전한다.

2022. 10.
서래마을 松玄堂에서 황길신

■ 차례

시인의 말 _ 5

제1부 농촌의 가을

향수鄕愁 ················· 17
사모곡思母曲 ············· 18
농촌의 가을 ·············· 19
낙엽을 밟으며 ············ 20
감 ····················· 21
감꽃 ··················· 22
9월의 서곡 ·············· 23
버림받은 꽃 ············· 24
10월 하늘 ··············· 25
가을 단상 ··············· 26
고목古木 ················ 27
지리산 문학기행 ·········· 28
태풍 솔릭 호 ············ 29
야생화 ················· 30
추석 성묫길 ············· 31
김용석 개인전에 부쳐 ······ 32
인생 ··················· 33

제2부 통일 전망대에서

지정학 ·· 37
통일전망대에서 ································· 38
판문점 ·· 39
비 원비(B1-B) 폭격기 ······················ 40
성웅 이순신 ······································· 41
전선의 야곡夜曲 ································ 42
자유의 무게 ······································· 43
동맹 ·· 44
영국군 전적비 ···································· 45
고 심정민 공군 소령 순직 ················ 46
푸틴 러시아 대통령에게 ··················· 47
탈출 ·· 48
누리호 발사 성공 ······························· 49
한반도 10월 위기설을 생각하며 ······· 50
과욕 ·· 51
참새 ·· 52
폭염 ·· 53

제3부 여고생의 편지

코로나 의료진 ·················· 57
여고생의 편지 ·················· 58
하버드 장학생 해병 자원입대 ·········· 59
관광 강원도 ···················· 60
노점상 노부부 ·················· 62
노동조합 ······················ 63
세월호 5년 ···················· 64
오죽烏竹 ······················ 65
삭발 저항 ······················ 66
대나무 ························ 67
스승의 눈물 ···················· 68
부여 문학기행 ·················· 69
젊은 인기 배우의 죽음 ············ 70
오동도 ························ 71
오기傲氣 ······················ 72
운곡 원천석 선생 ················ 73
독도 ·························· 74

제4부 다뉴브강의 추억

두바이 ·· 77
다뉴브강의 추억 ···································· 78
이국에서 맞는 명절 ······························· 79
몽골 - 밤하늘 ·· 80
몽골 - 고비사막 ···································· 81
몽골 - 초원 ·· 82
만데빌라꽃(브라질 재스민) ················· 83
평화 ·· 84
동이東夷문화 답사 ································ 85
도전 ·· 86
뉴질랜드 ·· 87
채팅 문화 ·· 88
이삿짐 싸기 ·· 89
자연미술관 ·· 90
블랙리스트 ·· 91
사진 ·· 92
한여름 밤에 ·· 93

제5부 그리움

사랑의 힘 ················· 97
백합꽃 ··················· 98
그리움 ··················· 99
첫눈 ···················· 100
강남 고속버스 터미널 ········ 101
산책길 ·················· 102
호스피스 병동에서 ·········· 103
나물 캐는 여심 ············ 104
2인 5각 ················· 105
3월 마지막 날 ············· 106
물고기의 피크닉 ············ 107
나무들의 봄 ··············· 108
철쭉꽃 ·················· 109
홍도 ···················· 110
애완견 ·················· 111
2018년 첫눈 ·············· 112
까치집 ·················· 113

제6부 말 줄임 시대

삶 ··· 117
지하철 단상 ···································· 118
말 줄임 시대 ··································· 119
선글라스 ··· 120
스마트폰 ··· 121
말 ·· 122
과속 ·· 123
코미디 세상 ···································· 124
청바지 할머니 ································· 125
청개구리 ··· 126
남자 ·· 127
한국 여성 ·· 128
격투기 ··· 129
초파리 ··· 130
시조와 보검寶劍 ······························ 131
내로남불(naeronambul) ················ 132

제7부 미쳐야 미친다

미쳐야 미친다不狂不及 ············· 135
우수雨水의 눈발 ················ 136
한강 변 버들가지 ················ 137
비둘기 친구 ····················· 138
오월의 무지개 사절 ············· 139
반지하(banjiha) ················· 140
선물 ··························· 141
좋은 나라 ····················· 142
태양 ··························· 143
매미 ··························· 144
장인匠人 ······················· 146
신축년 새해맞이 ················ 147
희망 바이러스 ·················· 148
2020년 겨울 ··················· 149
운명 ··························· 150
7월 풋감 ······················· 151
장맛비 ························· 152

평설: 향내 나고 잘 익은 과일 나무를 본다
  / 원용우 ······················· 153

제1부 농촌의 가을

향수鄕愁

석양의 이엉 지붕
연기구름 피어나고

추석을 두드리는
다듬질 토드락탁

아련히
흘러간 세월 되돌리는 토담집.

사모곡 思母曲

작다란 체구에다 버거운 삶의 질곡
힘겹게 짊어지고 한평생 달리셨다
지금도 새벽 깨우는 어머니의 발소리.

죽으면 흙이 될 몸 아껴서 뭣에 쓰나
가난을 곱씹으며 자식에 던진 말씀
가슴에 메아리 되어 영원토록 울린다.

생전에 못 해 드린 자손의 보은 효도
때늦어 후회한들 되돌릴 수 없다 해도
나이테 늘어가면서 시린 마음 커진다.

농촌의 가을

금물결 일렁일렁 들판 길 걷노라면
구슬땀 뚝뚝 흘린 한여름 모진 시련
황홀한 성취감 타고 봄눈처럼 녹는다.

벼농사 풍작 노래 농가의 달뜬 축복
초가집 지붕 위엔 새하얀 박 덩어리
남루한 농부의 초막 기와집이 부럽잖다.

낙엽을 밟으며

찰나를 살면서도 영원이 내 것인 양
싸우고 아옹다옹 인간의 추한 모습
그래서 고대 철인은 "너 자신을 알라" 했나.

자연도 왔다 가고 인생도 놀다 가니
현재를 즐기라고 미래를 숨기셨나.
벼 이삭 고개 숙이니 해는 벌써 서산에.

감

우주의 밀어들이 햇살로 내려와서
청과에 고이 앉아 계절을 분칠한다.
가을은 주홍빛 감이 잔칫집의 주빈이다.

새색시 수줍은 듯 숫총각 암띤 듯이
이파리 뒤에 숨어 연지 볼 내민 모습
고향집 징독 속 홍시 어머니 손 그립다.

감꽃

노란 종 떨어지면 어릴 적 간식거리
서둘러 주워 모아 청실에 꿰놨다가
허기진 배를 달래며 보릿고개 넘었지.

눈앞에 아롱대는 철부지 유년 시절
또렷이 남은 자국 촉촉한 그리움아
종착역 향해 달리는 여행 자락 청량제.

9월의 서곡

구슬피 울어대는
느티나무 쓰르라미

산책길 여기저기
잠자리 떼 술래잡기

미물도
더위 보내며 고별 축제 여는가.

버림받은 꽃

지지리 못났다고 내다 버린 분재盆栽 국화
어느 날 모퉁이서 빙그레 웃고 있네.
외모로 평하지 말고 속마음도 보라며.

오뉴월 뙤약볕을 오히려 발판 삼고
가을이 돌아오니 마침내 고개 들어
시련을 이겨낸 미소 그 뭣보다 값지다.

10월 하늘

구만리 넓고 넓은 화선지 코발트 빛
오묘한 신의 화필 수채화 빚어낸다
오솔길 혼자 걸으며 꿈을 꾸는 나그네.

새하얀 솜털 날개 미소 띤 천사 얼굴
부활 후 승천하는 예수 모습 그려지네.
누구도 흉내 못 내는 내자연의 *서사시*.

가을 단상

노란색 낙하산이 사뿐히 내려온다.
가을이 타고 와서 산과 들에 진을 친다
동장군 선발대 오니 싸울 준비 바쁘다.

이웃집 담 너머로 늘어진 나뭇가지
빨갛게 익은 감이 연지 볼 색시 같다.
인생도 저 과일처럼 곱살하게 익어가세.

고목古木

나이테 깔고 앉아
간 세월 곱씹으며

마지막 남은 가지
꽃 한 송이 피워 보려

안간힘
다 쏟는 모습 대견하고 부럽다.

지리산 문학기행

함양 땅 양지 골에 둥지 튼 문학의 집
말 없고 꾸밈없는 소탈한 친구처럼
반갑다 손을 내밀며 마음속에 다가온다.

가슴을 저리게 한 사부모곡思父母曲 시조 낭송
천국의 부모님께 눈물로 용서비네
계실 때 효도 못 한 것 두고두고 한이라.

역사의 전란마다 격전지 험한 산골
육이오 동란 중엔 빨치산 토벌 일화
아련한 세월을 타고 추억 속에 맴돈다.

태풍 솔릭 호

거대한 위력으로
우리 삶터 덮친다고

기상대 경고 따라
싸울 준비 다 했는데

겁먹고
비켜서 가네 허탈하나 다행이다.

야생화

심지도 아니하고 손길도 안 줬는데
외진 땅 모퉁이서 싱그레 웃고 있다
아무리 내박쳐 둬도 앙증맞게 예뻐라.

메마른 초원 위에 불 밝힌 꽃등처럼
시심들 불러들여 떠들썩 찍어댄다
자연은 그냥 두는 게 가장 좋다 하는데.

추석 성묫길

사방이 황금 들판
향수를 덧칠하고

낭만의 새털구름
그리움 불러내어

문명에
빛바랜 민속 되감기는 명절 혼.

김용석 개인전에 부쳐

전시홀 들어서니 향토 내음 물씬 난다
옛 보던 푸나무가 사방을 둘러싸니
향수가 손을 붙잡고 놀다 가라 하더라.

어쩌면 이렇게도 실감 넣어 빚었을까
멀리서 바라보니 더더욱 생동감이
나무 끝 흔들어대는 바람 소리 들린다.

황룡사 노송화가 새들을 불렀다니
칠 세기 신라 화백 그 후손 여기 왔나
저 그림 밖에 내걸면 뭇 날짐승 모이겠다.

인생

떠도는 구름처럼 흐르는 강물같이
자연을 벗 삼으며 유유히 유랑한다
막히면 돌아서 가고 지칠 때는 쉬어 간다.

어디서 온 것인지 어디로 가는 건지
알 수 없는 긴긴 여정 뚜벅뚜벅 가고 있다
모두가 사라져 가도 자신만은 열외인 양

여행은 즐거운 것 소박한 배낭 메고
자유로이 걷노라면 한시름 날아간다
험난한 가시밭길도 지나오면 예쁜 꽃밭.

제2부 통일 전망대에서

지정학

맹수에 둘러싸여
움츠린 작은 토끼

물리고 찢기면서
용케도 버텨왔네

긴 세월
갈닦은 지혜 인류 평화 초석 되리.

통일전망대에서

요 앞이 우리 텃논 저기가 동네 뒷산
내 고향 다름없는 정겨운 풍경인데
벽걸이 그림 된 산하 가고 올 날 언젠 고.

그 많은 한강 다리 하나쯤 떼어다가
임진강 가로질러 건널목 만들어서
누구나 자유자재로 오고 가게 하세나.

판문점

-2019. 6. 30.

색다른 구름이 떠 세인의 시선 모은
휴전선 자유의 집 화려하게 울린 풍악
겉보다 속이 찬 열매 거둘 수가 있을지.

잔치의 두 손님들 남의 땅 밟고 앉아
주인은 제쳐 두고 자기들 셈 바쁘네
권력에 취한 사람들 제 살 뜯기 바쁘다

* 2019. 6. 30. 판문점에서 열린 남북미 정상회담에서 트럼프 김정은이 주인 행세하고 문재인 대통령은 소외된 느낌을 보고.

비 원비(B1-B) 폭격기
-일명 죽음의 백조

햇볕에 바래다가
피부가 검게 탔나.

적에게 안 들키려
회색 칠 분장했나.

백조야
널 보니 섬뜩 두렵고도 미덥다.

성웅 이순신

사직이 흔들릴 때 오롯이 그리운 임
대장부 팔 척 거장 한산도 명량 대첩
한평생 나라 위하여 몸 바치신 참 영웅.

장검에 아로새긴 '일휘소탕 혈염산하'
사나이 장군의 혼 하늘을 찌르는 듯
반도를 덮은 먹구름 걷힐 날이 오리라.

* 일휘소탕 혈염산하(一揮掃蕩 血染山河): 이순신 장군이 임진왜란 때 사용했던 칼에 새겨진 문구의 하반부로서 '한번 휘둘러 쓸어버리니 피가 산하를 물들인다' 뜻임. 상반부는 삼척서천 산하동색(三尺誓天 山河動色)이며 '석 자 칼로 하늘에 맹세하니 산하가 떨고'의 뜻임.

전선의 야곡夜曲

적막한 휴전선에 달빛은 차가운데
간장을 도려내는 억새풀 피리 소리
고향의 그리운 얼굴 필름처럼 스친다.

하현달 소슬바람 심리전 애곡 방송
바스락 낙엽 소음 초병 가슴 애태우네
양손에 무기 들고서 생과 사를 넘나든다.

자유의 무게

하늘이 주신 선물
인간의 원초 욕구

아무나 못 누리는
지고의 문명 지표

평화가
좋다고 한들 자유보다 좋을까.

동맹
-국익이 동맹보다 우선한다는
정책 담당자 발표를 보고

방파제 구멍 나고 조짐이 심상찮다
삶의 터 안전보다 중한 것 또 있던가
수몰된 옥토 위에다 수족관을 만들 건가.

혼자서 힘겨울 땐 친구 도움 필요한데
뭘 믿고 고집스레 북창만 바라보나.
얼마나 속은 후에야 바짝 정신 차릴까.

이 강산 키운 젖줄 한강 수 오염되고
한 번도 경험 못 한 광풍이 몰아치니
쌓아온 배달의 신화 무너질까 두렵다.

* 핵 무장한 공산주의 독재 국가와 대치하고 있는 자유민주주의 대한민국에 있어서는 현시점에서 경제적 이익을 포함한 국가안보를 위하여 한미동맹이 무엇보다 큰 국익이다.

영국군 전적비

자유의 기치 들고 싸우다 산화한 임
영령들 잠든 계곡 설마리* 전설의 땅
영겁의 광음 흘러도 잊지 못할 숭고한 넋.

피 끓는 청춘의 몸 우방에 바친 희생
내 조국 밑거름돼 풍성한 열매 따오
이 강산 핀 자유의 꽃 영웅들의 후이오.

* 설마리: 파주시 임진강 유역의 동네 이름. 6.25 전쟁 때 영국군 '글로스타' 대대가 중공군에 포위되어 526명이 포로가 되고, 59명이 전사, 67명만 탈출에 성공함. 파주시에서 2014년에 영국군 추모공원을 조성함.

고 심정민 공군 소령 순직

청춘의 값진 희생 애달프고 숭고하다
푸른 꿈 젊은 나이 의를 위해 몸 던지니
강산에 곱게 활짝 핀 향기 진한 무궁화.

본능적 생존 욕구 누군들 없을까만
사랑의 책임 의식 유혹을 넘어섰네
사나이 명예를 지킨 자랑스런 애국혼.

죽어서 영원히 산 군인의 우국충정
전란의 위기마다 나라를 지켜냈지
역사에 길이 빛나는 호국 전사 후예들.

* 2022.1.11. 비행 훈련차 이륙한 고 심정민 소령(28세)은 곧 기체 결함을 발견 F-5E 전투기가 민가 마을에 추락할 상황이 되자 비상탈출을 포기하고 끝까지 조종간을 잡은 채 마을을 피해 야산에 비상착륙을 시도하다 추락하여 순직함.

푸틴 러시아 대통령에게

흘러간 제국 영화 뭐 그리 미련 있어
선량한 이웃 나라 뺏으려 욕심내오
화나면 쥐가 고양이 문다는 말 모르오.

길어야 백 년 남짓 휘리릭 바람인데
그 정도 부귀 권력 누렸으면 그만이지
아직도 못 채운 과욕 한구석에 남았소.

지구를 옥 조이는 온난화 환경재앙
당신의 후손 인생 먹구름 덮고 있소
두 눈을 바르게 뜨고 앞뒤 좌우 살펴보오.

전쟁에 쏟는 비용 연구에 집중하면
대기를 정화하여 인류를 구하리니
그대가 깃발을 들고 앞장서 볼 의향 없소.

탈출

인간이 살 수 없는 불모지 동토에서
명줄만 이어가던 수용소 노예의 삶
하늘이 내린 빛 보고 희망의 길 찾았다.

목숨 건 가시밭길 죽도록 뛰고 달려
기어코 부여잡은 운명의 새 동아줄
다시는 놓칠 수 없는 자유의 끈 내 사랑.

필설로 못다 담을 짧은 듯 긴긴 여정
하루도 몇 번인가 극단의 사색 유랑
오로지 그리움 하나 내 영혼을 지켰다.

* 새터민의 방송 출연, 북한 탈출 증언을 듣고……
* 2021. 6. 제5회 포은시조문학상 대상 수상작

누리호 발사 성공

역사가 도약했다 기술이 더 뛰었다
자유민주 대한민국 국운이 펴지는 듯
새 정부 출항하는 날 하늘에 뜬 무지개.

한동안 노심초사 걱정도 많았었지
일평생 한결같이 달려온 자유의 길
거꾸로 돌아가는지 맘 졸이며 살았다.

가는 길 여기저기 암초를 마주쳐도
우리는 갈 수 있어 지금껏 해왔듯이
알프스 최고봉 올라 그 참맛을 즐기리.

한반도 10월 위기설을 생각하며
-2018년

드높이 펼쳐 있는 청잣빛 고운 비단
들판엔 황금물결 농가엔 풍년가가
북녘에 핀 버섯구름 걷힐 날은 언젠가.

한 사람 맘 바꾸면 만인이 행복한데
칼 권력 휘두르기 그리도 재밌던가
베풀면 돌아오는 덕 깊이깊이 새겨보길.

수려한 조국 강산 어쩌다 허리 다쳐
칠십 령 고개 넘어 생과 사 갈림길에
위기는 또한 기회라 자유 통일 머잖다.

과욕

가지면 시들하고
별것도 아닌 것이

놓치면 커 보이고
아쉬움은 무슨 정의情誼

제 분수
제대로 알고 넘치잖게 사세나.

참새

하늘이 내린 건가
땅에서 솟은 건가

진종일 쉴 새 없이
쪼아대는 참새 무리

사람이
저토록 쪼면 못 이룰 일 없겠네.

폭염

땅속에 살다 보니
햇볕이 그립던가

토룡이 선탠하며
불가마에 볶여 타네

매미도
견디다 못해 목청 놓아 우는 듯.

제3부 여고생의 편지

코로나 의료진

편한 길 사양하고 불길에 뛰어들어

밤낮을 다 잊은 채 정성껏 치료한다

고맙다
멋진 천사들 믿음직한 파수꾼.

수많은 난관 뚫고 성장한 우리 국민

전란도 이겨내고 환란換亂도 극복했지

이번엔
병란 네 차례 바이러스 꼼짝 마.

여고생의 편지
-연평해전 용사 무덤 앞에

시나브로 잊혀가는 북 도발 연평 해전
당신의 귀한 편지 자는 혼을 깨워줬네
순결한 푸른 애국심 영롱하게 빛난다.

풍랑에 잠긴 바다 헤어날 길 막막한데
가뭄에 내린 비가 새싹을 틔우듯이
여섯 통 육필 사연이 희망의 빛 쏘았다.

고난의 역사를 쓴 배달 민족 후예들아
한번 더 팔을 걷고 값진 땀 흘려보세
미래를 곱게 수놓을 일꾼들이 기다린다.

* 2002.6.29. 한일 월드컵 기간 중 북한의 도발로 일어난 연평해전에서 전사한 해군 장병 6명의 묘(현충원) 앞에 익명의 여고생이 써놓고 간 6통의 편지가 문예전 대상을 받았다는 보도를 읽고 쓴 것임.

하버드 장학생 해병 자원입대

멋지다 닭 무리 중
한 마리 학을 보니

더더욱 귀한 존재
단정학丹頂鶴 예쁜 모습

가뭄에
갈라진 논밭 해갈 징조 보인다.

관광 강원도

타고난 외모에다
숨은 재주 많은데도

수줍고 얌전해서
관객을 끌지 못해

올림픽
고속 차 뜨면 앞다투어 찾으리.

산속의 금은보화
해수로 갈고 닦아

시장에 내놓으면
견물생심 잘 팔릴 터

구경꾼

모으기에는 산수화에 먹거리.

* 2018 평창 동계올림픽을 계기로 KTX 고속 열차가 서울-강릉 노선을 개통하면서 강원도 관광산업이 활성화될 것을 예상하며.

노점상 노부부

한평생 피땀 흘려 모아둔 거금 재산

조금도 주저 없이 대학에 바친 부부

어둔 밤
등불이 되어 미래 한국 밝히리.

가난해 학교 못 간 길가의 과일 장사

학생들 볼 때마다 부러움도 컸으리라

가방끈
긴 사람보다 당신들이 멋져요.

노동조합

제 살도 갉아 먹는 희귀한 기생 벌레

숙주가 쓰러지면 자기도 죽는 것을

혼자만
더 먹으려다 가진 것도 잃는다.

이 땅에 근년 들어 역병처럼 번져가네.

관리가 허술하니 동네방네 헤집어대

힘겹게
지은 양옥집 무너질까 걱정된다.

세월호 5년

못다 핀 꽃봉오리 백 년인들 잊힐쏜가

어버이 타는 가슴 불멸의 성화 되어

이승에
못 푼 한일랑 별이 되어 빛나리.

이제는 거둬야 할 애수의 세레나데

찬란한 아침 햇살 한 움큼 휘어잡고

앞산의
희망봉 향해 모두 함께 나가세.

오죽烏竹

노오란 햇병아리 커가며 본색 나듯
날 때는 푸른 피부 자라며 검게 된다
난세에 항상 빛났던 선비정신 그대로.

잡목들 다 꺾여도 꼿꼿한 의지 보며
긴 세월 낡았는데 오늘은 스산하다
광풍이 불어올 징조 여기저기 보인다.

검고 흰 색깔 기준 무엇이 맞는 건지
어제는 검은 것이 오늘은 흰 것 되니
언제쯤 바른 표준이 제자리를 찾을까.

삭발 저항

얼마나 고뇌했나 결심을 빚기까지

애중히 가꾼 머리 허무히 잘라낼 때

눈가에
아롱진 이슬 어느 사이 내 눈에.

가녀린 여인에게 어디서 그런 결기

모두가 토끼 눈들 주변이 숙연하다

정의는
소중한 세계 내어주는 소우주.

대나무

폭풍이 몰아쳐도 가뭄이 애태워도

꼿꼿한 기개 세워 한치도 떨지 않고

오롯이
갈 길만 가는 늘 푸르른 군자여.

잡초가 무성하니 더더욱 돋보인다

좁은 터 여기저기 알맞게 심어 가꿔

삭막한
우리네 산야 번듯한 옷 입히세.

스승의 눈물

동방의 문자 족보 밑뿌리 찾으려고
한평생 외길만을 오롯이 걷고 있네.
가뭄 비 기다리는 맘 흐뭇하게 적신다.

팔십 줄 나이테가 열정에 가리어져
멀리서 도처에서 인재들 모여든다
나라와 겨레 사랑 표 눈에 서린 이슬방울.

* 고 청범 진태하 선생은 평생 문자학을 연구한 석학으로서 한자의 기원으로 알려진 갑골문자가 우리 조상인 동이족이 고안한 것으로 밝혀내 중국 학계의 인정을 받았다고 함. 선생은 한자(漢字)를 '동방 문자'라고 별칭을 붙임.

부여 문학기행

못 가본 백제고도 답사 여행 가려 하니
초등생 소풍 가듯 마음이 설레인다
마한의 얼이 숨 쉬는 옛 도읍지 부여 성

낙화암 절벽 아래 백마강 비단 물결
칠백 년 창대한 꿈 어디에 묻어 두고
황산벌 계백의 전장 논밭으로 변했네.

합하고 나눠짐은 역사의 필연인가
세 나라 하나 됐다 또다시 둘 됐으니
이제는 합할 차례라 빨리 오라 그날이.

젊은 인기 배우의 죽음
-뜻밖의 교통사고로

하얀 낮 번개 칼이
큰 나무 앗아 갔네

하늘이 욕심나서
콕 찍어 뽑아 갔나

파초가
꺾이었으니 남국의 꿈 어쩌나.

오동도

상큼한 하늬바람
활짝 트인 남해 전경

속세의 찌든 시름
일순에 사라진다

동백에
얽힌 전설들 여행 맛에 조미료.

잔잔한 물결 위로
아련한 추억 노래

줄 잇는 화물선엔
우렁찬 희망가가

문명이
발달할수록 더 그리운 섬의 정.

오기 傲氣

허약한 고집쟁이
욕심은 하늘 찔러

남에게 안 지려고
기 쓰고 쪼아 댄다

마침내
사고 저질러 대어 하나 낚았다.

잘 쓰면 보약 되고
못 쓰면 독이 되고

한 몸에 두 얼굴 단
현란한 마술의 손

모쪼록
영근 과실만 딸 수 있게 해주오.

운곡 원천석 선생

임금의 부르심도
뿌리친 충절의 꽃

하늘의 뜻이런가
치악산 별로 떠서

길 잃은
젊은 나그네 이정표기 되셨네.

몸일랑 들풀밭에
마음은 송죽원에

올곧은 선비의 혼
시공 넘어 빛나도다

사직이
어지러울 땐 애틋하게 그리운 임.

독도

동해의 바위섬을 이웃이 눈독 들여
자기네 소유라고 한사코 우겨댄다.
법이나 위치로 봐도 우리 것이 분명한데.

억지를 부린다고 흰 것이 검어지나
순순히 인정하고 점잖게 물러나지
대대로 이어 내려온 우리 조상 유산인걸.

재판소 법관 믿고 법으로 가리자네
내 것은 내 것인데 뭐하러 법원에 가
손안에 쥐고 있는 한 걱정할 것 전혀 없다.

* 독도는 국제법상 대한민국의 영토다. 특히 우리나라가 역사적으로, 건국 이래 실효적으로 지배하고 있다는 사실은 영토 분쟁에서 절대 유리한 조건이므로 가능한 우리는 조용히 대응하는 것이 유리하다.

제4부 다뉴브강의 추억

두바이

사막에 쓰인 역사
흑진주로 지워 내고

황량한 벌판 위에
문명의 꽃 수놓고서

부자들
주머니 크기 바라보며 즐긴다.

다뉴브강의 추억

고요한 밤하늘에 선율이 일렁일렁
큰 무대 하늘과 땅 눈과 귀 사로잡고
만물이 하나가 되어 덩실덩실 춤춘다.

별처럼 빛나는 꽃 관객의 탄성 안고
지구촌 어디보다 세련된 불꽃 축제
환상의 종합 예술로 아련하게 울린다.

대륙을 감아 돌아 흑해로 흐르는 물
푸르게 출렁이며 짜릿한 신화 쓴다
헝가리 경삿날 피는 두나강의 전설화.

* 다뉴브(영어) = 도나우(독어) = 두나(헝가리어)

이국에서 맞는 명절

오대양 육대주로
지구촌 유랑하며

바래진 향토 내음
잔영도 꺼지는데

불현듯
까치 날아와 향수 물고 높이 난다.

몽골 - 밤하늘

몽골이 자랑하는
별들의 낙하 훈련.

칠흑의 하늘 천막
쏟아지는 반짝 별꽃

천국 간
인간의 영혼 고향 찾아 내려오나.

몽골 - 고비사막

지평선 넓은 대지 자동차는 원의 중심
야생화 사막 들풀 날짐승 메추라기
모세의 사십 년 광야 여기 와서 보는 듯.

먼 앞산 이정표로 먼지 연기 꼬리 달고
신나게 달려 봐도 바퀴만 헛도는 듯
지상에 마지막 남은 대자연의 수채화.

지하의 자원 부국 옛 제국 후예들아
조상의 지혜 받아 영광을 재현하리
칭기즈 천년의 영웅 하늘에서 웃고 있다.

몽골 - 초원

드넓은 들풀 평원 하늘엔 별꽃 정원
석양에 말달리는 저 사람 어디 갈까
외로운 나그네 마음 바람결에 날린다.

엊그제 갔던 길이 오늘은 모래 언덕
먼 앞산 이정표로 떠도는 낭만 여행
명예도 재물도 버려 넉넉함이 영근다.

시간이 멈춰버린 고요 속 게르에서
날 새던 추억 자락 아련히 소곤소곤
초원에 깔린 어둠막 벗겨내는 봄 햇살

옛 영웅 칭기즈 칸 어디에 숨었을까
기마 족 날쌘 기질 꽃필 날 멀지 않다
지구촌 데우는 열정 언 땅마저 녹인다.

만데빌라꽃(브라질 재스민)

허름한 옷차림에
얼굴은 참 예쁘네.

형편이 어려워서
단장을 못 하는가

시집가
새 옷 입으면 절세가인 되겠네.

평화

전시를 살아 본 자 그 참맛 아는 과일
누구나 탐을 내는 금빛 고운 선한 열매
때로는 가면을 쓰고 무법자를 돕는다.

진짜와 가짜 있어 구분이 쉽지 않네.
목숨 건 희생 끝에 얻는 것이 진품인데
모조품 들이대면서 진짜라고 우긴다.

얼굴이 뽀얗다고 속까지 희다던가.
겉과 속 다른 존재 온 세상 판치는데
순진한 어린 양 무리 속을까 봐 겁난다.

동이東夷문화 답사

참으로 신기하네 처음 본 동이 유물
은나라 갑골胛骨문자 배달 민족 자랑거리
조상님 웃음소리가 하늘에서 들린다.

공맹孔孟의 깊은 철학 동양의 기본 윤리
오늘의 첨단 문명 참뜻을 왜곡한다
효 문화 바로 세우고 병든 세상 치유하세.

광활한 대륙 평원 십사억 삶의 터전
중국인 높은 콧대 와보니 알 듯하네
동이족 뿌리를 보니 우리 조상 놀던 땅.

도전

별세계 유린하고
유전자 바꿔 치고

인공 뇌 만드나니
과학의 끝은 어디

온난화
기후 재앙은 과학으로 못 막나.

뉴질랜드

망망한 태평양에
천혜의 해상공원

오염에 자유롭고
경관도 수려하네

지상에
몇 개 안 남은 문명 세계 산소통.

채팅 문화

경쾌한 손끝 놀림 전파 타고 날아간다
누구엔 꽃이 되고 누구엔 독이 되어
무엇이 될 것인지는 주인 맘에 달렸다.

고귀한 우리 한글 편의 따라 변형되니
약자와 신조어가 무시로 태어난다
세월이 흐른 후에는 혼혈어도 많겠지.

시공간 제한 없이 빠르게 소통하니
상대방 삶의 양태 앉아서 볼 수 있네
파트너 인품의 향기 문자 속에 스민다.

이삿짐 싸기

역마살 내 인생에
보따리도 많이 쌌네.

백발 이고 또 하려니
그리움이 엄습한다.

당신의
짐 싸던 모습 꽃구름에 웃고 있소.

* 2017.6.《시조사랑》등단 작품.

자연미술관

한없이 큰 전시장 자연산 돔 미술관
그 안에 들어서면 위부터 보게 된다
색깔의 밝기에 따라 그날 기분 달라진다.

천정은 코발트 빛 바닥은 노란 색깔
고정된 건축물에 동적인 전시물도
무수한 걸작 명품들 장기 자랑 바쁘다.

철 따라 바뀌 거는 특별전시 천연명화
봄여름 수채화요 갈 겨울 유채화라
그림들 살 수 없으니 카메라에 담는다.

블랙리스트

무던히 괴롭히던
불청객 미세먼지

해외로 휴가 갔나
안 뵈니 살 것 같네

이참에
못 들어오게 입국 금지 청원할까.

사진

세상을 담아 두고 보는 이 골라가며
격 따라 감동 주는 신묘한 영상기술
세상이 변하는 모습 기막히게 보여준다.

고난의 과거사도 기쁨의 지난날도
사진에 담긴 것은 모두가 예쁜 추억
전란 때 피난 가던 일 모진 삶도 꽃이다.

고달픈 인생 여정 촉촉이 적셔주니
아무리 힘들어도 꾹 참고 이겨내면
고생담 주고받으며 웃는 날이 오리라.

한여름 밤에

어스름 깔린 무대
천둥이 서막 열고

현악이 뒤따르니
합주가 펼쳐진다

지구촌
최고 음악제 순 자연산 콘서트.

기막힌 연출 솜씨
가뭄 땐 비도 뿌려

수시로 던져 주는
현란한 칼춤 조명

장관에
잠 못 이루다 어느 사이 환호성.

제5부 그리움

사랑의 힘

늦가을 창밖에서
졸고 있던 고무나무

따스한 거실에서
정성 먹고 팔팔하네.

사랑은
다 죽어가는 생명체도 살리는 약.

백합꽃

연두색 저고리에 상앗빛 고운 치마
미색은 아니어도 청순한 우아함이
세속에 찌든 내 마음 포근하게 감싼다.

간간이 드러내는 차가움 도도함도
정열로 유인하는 양귀비를 압도한다.
벌레에 꺾이면서도 끝내 지킨 의연함.

그리움

수수한 외모에도 내면이 뿜는 향기
저만치 서서 보면 우윳빛 고운 치마
세월이 무색하게도 한결같은 백목련

곁에선 못 보았던 해맑은 영혼의 창
떠도는 구름 타고 시리게 다가온다
두고 간 마지막 여운 오래도록 울린다

첫눈

오염된 인간 세상
손 놓고 볼 수 없어

하얀색 소독제를
하늘이 뿌려주나

다음엔
맘 청결제도 보내주면 좋겠네.

강남 고속버스 터미널

희소식 품에 안고 고향 가는 유랑민들
비보를 손에 쥐고 혈육 찾는 조문객들
인생의 애환과 함께 돌고 도는 터미널.

영혼에 구름 낄 때 허전함 달래고자
어디로 정처 없이 발길 따라 향하는 곳
속미음 들키지 않고 마음 평안 얻는다.

산책길

반포천 제방 따라
도열한 벗나무들

철 따라 새 옷 입고
행인들 반겨준다.

도심의
먼지 바다에 띄워 놓은 산소통.

호스피스 병동에서

무겁게 깔린 고요
진혼곡 예고하듯

사연은 다르지만
하늘로 가는 여행

반쪽을
보내려 하니 쌓인 아픔 밀려온다.

나물 캐는 여심

찬바람 등에 지고 쑥 캐는 아낙네들
한 맺힌 응어리를 손칼로 도려낸 뒤
향긋한 봄 내음으로 지친 마음 감싼다.

겨우내 움츠린 몸 기지개 활짝 켜고
살포시 스며드는 쑥 내음 싱그럽다
배낭에 가득 채우니 가족 식탁 풍성해.

2인 5각

향긋한 산책길을
거니는 원앙 부부

남편은 세 발 쓰며
한 손은 아내 어깨

자기 몸
그이 발이 된 사랑의 빛 예쁘다.

3월 마지막 날

가지에 앉은 벚꽃
바람의 나비 되어

봄 햇살 휘어 감고
사뿐히 내려앉네

역병에
짓눌린 춘심 활짝 나래 펼친다.

물고기의 피크닉

대도시 한강 살기 때때로 답답한지
반포천 새 물 따라 소풍 온 물 친구들
사람과 장난하자고 어디론가 숨었다.

그들은 사람 구경 우리는 그들 관객
피차가 처지 바꿔 즐기면 좋은 거지
어차피 우주 만물은 한 핏줄에 한 형제.

나무들의 봄

날마다 새 드레스
자랑하는 나무 여심

보는 눈 부끄러워
밤사이 갈아입네

해마다
여는 패션쇼 금년에는 더 멋지다.

철쭉꽃

연두색 저고리에
화사한 분홍치마

지나는 행인들을
반겨 주는 고운 미소

팍팍한
삶의 고갯길 잠시나마 쉬어가네.

홍도

짙푸른 바다 위에 맹수가 엎드린 양
태고의 기암괴석 다양한 관목 화초
보아도 또 보고픈 맘 카메라에 담는다.

황톳빛 암석에서 딴 이름 홍도라네
음과 양 철학 원리 도처에 스며있어
남녀를 상징하는 상 작가 의도 궁금하다.

애완견

그 무슨 인연일까 사람은 개가 좋고
견공은 주인 따라 둘이는 천생 친구
긴 세월 흐른 후에는 개 견犬 씨도 나올 듯.

혼내도 안 삐지고 또 와서 재롱떤다
만취해 길에 잠든 주인님 지킨 충견
팍팍한 나그네 억징 웃겨주는 동반자.

2018년 첫눈

간밤에 하늘에서 백설기 보내왔네
올해는 전례 없는 풍성한 계절 선물
서민들 살기 어려워 하사 선물 내리셨나.

순결한 눈꽃 송이 빗각 창에 서린 추억
긴 세월 파장 타고 아련히 소곤댄다.
도처에 찌든 묵은 때 말끔하게 씻겨라.

까치집

하늘 땅 그 사이에
친환경 단독주택

폭풍우 몰아쳐도
천둥이 내리쳐도

그 어떤
자연재해도 걱정 없는 보금자리.

제6부 말 줄임 시대

삶

기뻐서 잔 돌리고
슬퍼서 한잔하고

그렇게 살다 보면
한 생이 벌써 석양

사는 게
별것이더냐 세월 타고 노는 거지.

지하철 단상

책 하나 펼쳐 들고 환하게 웃는 여심
커졌다 작아졌다 방긋방긋 앵두 입술
글 읽는 예쁜 자태가 화장발을 돋군다.

손에 든 스마트폰 앞다퉈 보물찾기
오대양 육대주를 톡톡톡 여행한다
지구를 손에 들고서 유랑하는 신세대.

말 줄임 시대

세상이 좁아지니 혀까지 짧아지나.
고운 말 국어 속에 약어略語가 몰려오네.
우리말 지킴이 은행 만들 때가 아닐지.

자소서 내로남불 어대명 알송달송
줄인 말 홍수 속에 허덕이는 백발세대
신세대 따라보려면 깡 맨발로 뛰어야.

선글라스

자기는 보면서도 남에겐 안 보이고
호기심 가면 쓰고 요리조리 살펴본다.
색깔이 뭐냐에 따라 달라지는 이 세상

태양을 막아주고 없는 것 채워주며
아프고 피로한 눈 감쪽같이 가려준다.
가끔은 더없이 편한 현대인의 소지품.

스마트폰

세상의 온갖 정보 한 몸에 담아 놓고
웃기고 울리면서 주인에 붙어산다
끼니는 거른다 해도 너 없이는 못 살아.

어린이 노인까지 무차별 소유분배
그 옛날 전화 없이 어떻게 살았는지
스스로 좋아서 택한 뗄 수 없는 오랏줄.

말

칼보다 더 힘센 것 펜이라 하더니만
그보다 더 강한 것 발 없는 말이라네.
선과 악 두 얼굴 가진 형체 없는 마술사.

조심해 잘 다루면 주인에 충성하고
거칠게 휘두르면 독이 되어 병을 준다
누구나 말하기 전에 삼 초간만 생각하세.

과속

날마다 반백 년을 면도에 숙달돼도
조급히 서둘다간 다치기 십상인데
험한 길 내달리다가 실족할까 두렵다.

칠십 년 참았는데 뭐 그리 다급해서
방향도 모르는 채 갈지자로 치닫는가
태양은 중천인데도 그림자는 석양이네.

* 상식에 맞지 않게 남북대화를 조급히 서두르는 모습을 보며.

코미디 세상

가짜가 진짜인 양
진실이 거짓처럼

속이고 속으면서
맞물려 돌아간다

요지경
광대놀이에 웃고 우는 관객들.

청바지 할머니

경로석 은발 여심
구멍 난 청바지에

곱상한 세련미로
뭇시선 훔쳐 간다

패션계
샛별이 떴나 초로 여인 꿈꾸나.

청개구리

천천히 가라 하면
발 빠른 치타 되고

달리라 재촉하면
느림보 거북이로

시간은
성급한 자엔 심술쟁이 장난꾼.

남자

실속은 맨 밑바닥 밖에선 허장성세
안에선 꽃 미소에 나긋이 휘어진다
허공에 큰소리쳐도 고운 손의 노리개.

산천을 호령하고 재물을 다 가져도
유혹에 무너지면 이슬처럼 사라진다
미상불 그대는 흡사 전시장의 마네킹.

한국 여성

외모는 라일락에
내면은 설중매라

버거운 집안 살림
거뜬히 해치우고

틈날 땐
자식 교육에 신바람을 날린다.

격투기

승자의 축복인가 패자의 저주인가
서로가 치고받고 눕히고 목 조르고
때리고 맞아가면서 돈을 버는 쌈꾼들.

링 주변 구경꾼들 흥분해 날뛰면서
비참한 패자의 맘 아랑곳 아니 한다
일상의 스트레스를 이때 모두 푸는 듯

버젓한 신사들도 즐기는 싸움마당
두세 번 보다 보면 어느새 빠져든다
인간은 잔인한 본능 타고난 것 아닐지.

초파리

작다고 깔보지 마
이래 봬도 쓸모 있다

유전자 연구 위해
이 몸을 바친다고

세상에
덩치만 크지 속 빈 동물 참 많다.

시조와 보검寶劍

뭉텅한 쇠붙이가
장인 만나 보검 되듯

언어는 시인 만나
무한 시로 피어난다

칠백 년
숨결 이어온 배달 민족 시조의 꽃.

내로남불(naeronambul)

순수한 우리말에
한자어 달라붙고

로마자 덧칠하여
새 낱말 태어났네

놀랍다
배달의 민족 창의력도 대단해.

* 최근 New York Times가 한국의 보궐선거 결과를 보도하면서 집권 여당의 참패 원인 중 하나가 naeronambul 때문이라는 기사를 써, 앞으로 kimchi, ondol 등과 같이 국제 신조어로 사용될 가능성이 제기됨.

제7부 미쳐야 미친다

미쳐야 미친다 不狂不及

손풍금 배운다고
겁 없이 달려들어

시간이 지나가면
될 거라 착각했네

하늘만
쳐다보면서 밥 나오길 바라듯.

곡마단 곡예사들
초인적 공연 솜씨

맹훈련 거듭하여
그토록 잘할 거야

연습에
거듭 연습하면 수준급엔 미치겠지.

우수雨水의 눈발

진사의 사절인가
봄꽃의 시샘인가

동장군 퇴각하며
전령을 보내주네

사뿐히
내리는 꽃잎 숨은 동심 부른다.

한강 변 버들가지

역병에 움츠렸던
야들한 젊은 여인

길게 내린 단발머리
연둣빛 주름치마

봄 잔치
초대장 들고 예쁜 자태 뽐낸다.

비둘기 친구

산책로 양지 녘에 놀고 있는 비둘기 떼

손짓해 불러보니 앞다퉈 모여든다

아마도
먹이 주려나 기대하며 왔겠지.

한 웅큼 먹이라도 가지고 왔더라면

한동안 친구들과 즐겁게 보내는 걸

부르고
그냥 가려니 염치없고 미안하네.

오월의 무지개 사절

나라의 지도자는 하늘이 점찍는다

잡초가 무성하니 제초사 보내시고

새사람
내려보내며 칠색 천사 보냈네.

천심은 민심이라 받들어 순복하고

썩은 땅 갈아엎고 에덴을 만드세나

그 길이
우리의 조국 자유 평화 여는 길.

* 2022.5.10. 제20대 대통령 취임식 날 비가 내리지 않았는데 하늘에 무지개가 뜬 사실이 신비스러워 써본 작품.

반지하(banjiha)

음습한 지하 쪽방 폭우가 급습했다

구조할 틈도 없이 여러 생명 앗아갔네

천국엔
반지하 없소 거기 가선 행복하오.

외신이 보도하며 자국어 낱말 없어

반지하 차용하니 얼굴이 붉어진다

선진국
됐다 했더니 가야 할 길 더 남았네.

* 2022.8.8. 수도권을 강타한 폭우로 인해 반지하 쪽방에 한 가족 3명이 사망한 사태가 발생함. 외신이 이를 보도하면서 반지하를 뜻하는 자국어가 없어 banjiha로 표기하고 해설을 붙인 바 있음.

선물

들어서 기분 좋고 받아서 흐뭇한 말
생일 때 성탄절에 뜻밖에 받은 소포
고달픈 삶의 언덕길 산들바람 불었지.

따스한 배려의 정 그 값이 중요한가
공들여 빚은 소품 명품을 능가한다
값으로 따지지 말고 마음으로 받아줘.

문화가 다른 나라 관습도 가지가지
저기서 귀한 것이 여기선 홀대받네.
선물은 겉치레보다 정성 담아 보내야.

좋은 나라

해 품은 들판에는
농작물 풍성하고

누구나 하고픈 일
뜻대로 할 수 있는

민초들
웃음꽃 피는 희망 동산 그거야.

태양

도대체 뭣이기에
중천에 높이 떠서

만물을 쥐락펴락
살리고 죽이는가

언젠가
존재의 비밀 밝혀지긴 할건지.

매미

아쉬워 우는 마음
그 누가 알아주랴

멋지게 살아 보려
꿈꾸며 나왔는데

어느새
돌아갈 시간 바람 타고 날아왔네.

십사일 짧은 일생
노래로 봉사하려

수년을 땅속에서
정성껏 갈고 닦아

오늘의

황홀한 공연 후회 없는 한평생.

* 매미는 지상에서 2주일, 지하에서 3-7년 산다. 매미가 나무 껍질에 알을 낳으면 알이 곧 애벌레가 되어 나무를 타고 땅속으로 내려가 뿌리의 수액을 먹고 살면서 몇 차례의 탈피를 한 후 지상으로 올라와 2주를 산다.

장인匠人

시심을 치고 깎아
초벌 상 만들어서

사색을 덧칠하며
이미지 빚어낸다

뒤집고
갈고 닦아서 토해내는 혼불이여.

신축년 새해맞이

지나간 경자년엔 별나게 힘들었지
개인도 공동체도 그 누구 예외 없이
온 지구 역병 때문에 전례 드문 고난의 해.

미움도 정이런가 아쉬움은 왜 남는지
어제를 거울삼아 새해를 그려보자
불안은 떨쳐버리고 사랑 불빛 밝히며.

신축년 새 꿈 펼쳐 소처럼 끈기 있게
묵정밭 다시 갈아 옥토를 일궈가며
반도의 푸르른 산야 낙원으로 만드세.

희망 바이러스

형체도 없으면서 신통한 명약인 양
마시면 신나지만 없으면 기가 꺾여
때로는 목숨까지도 버린 이가 참 많다.

네 정체 뭣이기에 사람을 어르는가
무슨 힘 그리 강해 인생을 흔드는가
불운을 몰아내고서 너의 씨앗 뿌리자.

요즘엔 더 나빠진 불명예 자살 강국
모두가 하나되어 배려의 맘 꽃 심어
어렵게 가꿔온 조국 꽃동산을 만드세.

2020년 겨울

저 하늘 드높으면 삼동三冬이 춥다던가

한여름 타는 햇볕 솜털에 박아 꿰매

칼바람
휘몰아칠 때 동장군을 쳐내자.

불청객 역병 온 지 반년이 지났는데

그토록 가라 해도 갈 생각 전혀 않네

기어코
소금 세례를 받고 나서 갈 텐가.

운명

자욱한 안개 깔려 이정표 안 보인다

앞뒤로 좌우에도 겹겹이 감싼 계곡

난세에
샘솟는 저력 이번에도 힘내세.

잿더미 폐허 위에 꿈의 집 세웠는데

때아닌 태풍 만나 주야로 노심초사

이때다
갈라진 마음 하나 되어 싸우세.

7월 풋감

지기는 올려받고
천기는 내려받아

주야로 맷돌 갈아
가을을 채비한다

앞 뜨락
홍시 보거든 풍년가를 부르세.

장맛비

그 무슨 사연 있어
제대로 쉼도 없이

이틀이 멀다 하고.
피눈물 흘리는가

세균에
오염된 세상 소독제를 뿌리나.

■ 평설

향내 나고 잘 익은 과일나무를 본다

원용우
(시조시인, 문학박사)

시조는 우리의 전통문학이요 뿌리문학이요 고유문학이다. 우리의 선배 학자들은 시조가 어디에서 왔느냐 하는 유래 문제를 따지기에 귀한 시간을 허비했다. 안자산은 한의 단율, 즉 절구絕句의 조자調子를 본받아 성형成型된 것이라 했고, 정래동丁來東은 시조기 힌시를 번억하면서 발견된 시형詩型이라 했고, 천태산인天台山人은 신라 향가의 구법句法이 시조의 형식과 얼마큼 비슷한 점이 있으므로 향가鄕歌가 시조의 전신前身이라고 하였다. 이병기李秉岐는 시조의 원형은 육구삼절식六句三節式인 민요형民謠形에서 파생되었다고 봄이 옳다고 하였고, 정병욱은 고려의 별곡체가 붕괴되면서 형성되었다고 본다. 구체적인 예증으로 「만전춘」의 제2연 및 제5연에서 시조 형태에 아주 가까운 두 개의 시연詩聯을 들 수 있다고 하였다.

이처럼 어디서 왔느냐 문제를 따지면 시조時調의 조상祖上

이 수십 개나 된다. 향가에서 왔다고 하는 향가기원설이 많은 분들에게 지지를 받는데, 이들은 향가 형식을 깎고 다듬어 고려 말경에 시조 형식이 완성되었다고 한다. 그러면 깎고 다듬었다고 하는 장본인은 어느 때 누구인가? 깎고 다듬는 것을 누가 보았는가? 어느 책에 그런 기록이 있는가? 이처럼 허무맹랑한 설을 믿고 따르는 사람들이 이상하다. 시조 형식은 어디서 온 것이 아니고 누가 만든 것이다. 고려 말과 조선 초의 시조작가들을 살펴보면 그들의 신분은 거의 성리학자들이다. 이들은 조선을 건국하면서 억불숭유 정책을 썼다. 시조 형식은 성리학이라고 하는 시대적 배경이나 이념적 배경을 등에 업고서 시조 형식을 출현시켰다. 시조는 성리학의 이념이 널리 퍼짐과 동시에 출현한 문학 장르이다. 조선 초와 고려 말의 그 많은 시조작가들이 성리학자들이란 사실이 그것을 증명해 준다.

　우리 시조시인들은 우리가 쓰고 있는 시조의 본질을 정확하게 알고서 시조를 써야 한다. 그래서 필자가 장황하게 시조의 정체성에 대하여 논의하였다. 황길신 시인이 이번에 첫시집 『다뉴브강의 추억』 상재하는 것을 축하드린다. 시조를 접한 지 6년쯤 되는데, 이만하면 시조집 출간하는 것은 당연하다고 본다. 작품을 접해 보니, 우리말을 잘 부려서 썼다. 시조는 언어예술이기에 우리의 언어를 갈고 다듬어서 써야 한다. 작품 속에 깊은 뜻이 함축되어 있지만 쉬운

말을 활용하였기에 읽는 이에게 많은 감동을 준다. 부드럽고 맛있는 시조를 쓰셨다. 작품을 정독하고 음미하면서 진수를 맛보고자 한다.

1. 인생 담론

> 떠도는 구름처럼 흐르는 강물같이
> 자연을 벗 삼으며 유유히 유랑한다
> 막히면 돌아서 가고 지칠 때는 쉬어 간다.
>
> 어디서 온 것인지 어디로 가는 건지
> 알 수 없는 긴긴 여정 뚜벅뚜벅 가고 있다
> 모두가 사라져 가도 자신만은 열외인 양.
>
> 여행은 즐거운 것 소박한 배낭 메고
> 자유로이 걷노라면 한시름 날아간다
> 험난한 가시밭길도 지나오면 예쁜 꽃밭.
>
> - 인생

이 작품의 제목은 「인생」이다. 인생은 구름처럼 떠도는 존재이고 강물같이 흘러가는 존재라는 것이다. 모두 비유법을 쓰고 있다. 인생도 자연의 일부이기는 하지만 자연을 벗 삼으며 유유히 유랑한다고 하였다. 어디에 안착을 못하고 떠도는 존재라는 것이다. 인생 자체가 나그네라는 것이다. 나그네이기 때문에 한곳에 머무르지 않고 계속해서 어디론가 가야 하는 것이다. 막히면 돌아서 가고 힘들면 쉬어서 간다는 것이다. 그렇게 계속해서 가다 보면 종착역에 다다를 때가 있다.

　우리는 살아가고 있는데, 어디서 온 것인지 어디로 가는 건지 모른다는 사실이다. 사람에게는 전생이 있다고 하는데 그 전생이 안 보이니 그저 캄캄할 뿐이다. 사람이 죽으면 후생으로 간다고 하는데 그 후생도 안 뵈니 그저 막막할 뿐이다. 그러면서도 인생길을 뚜벅뚜벅 가고 있는 것이다. 사람은 누구나 죽게 되어 있는데, 그것도 모르고 자신만 열외라 생각한다. 참으로 어리석은 존재들이다. 영생하며 죽지 않은 사람은 없기 때문이다. 그러니 죄짓지 않고 바르게 살아야 하는 것이다.

　그러나 여행은 즐거운 것, 소박한 배낭 메고 이 세상길을 가야 한다. 그런데 대부분의 사람들은 무거운 짐을 지고 힘겹게 가파른 길을 올라가고 있다. 그 무거운 짐을 업이라 부른다. 그래서 이 세상이 가시밭길이라는 말도 생겼고 고해苦海라는 말도 생겼다. 그래도 사람에 따라서는 가벼운 배낭을 메고 한시름 놓으면서 즐겁게 사는 사람도 있는 것이다. 험난한 가시밭길도 지나가면 예쁜 꽃밭처럼 생각된다는 것이다. 이 작품은 서정시가 아니라 인생철학이다. 우리에게 많은 깨달음을 준다. 교훈적 작품이라 해도 좋을 것이다.

2. 추억 줍기

> 노란색 낙하산이 사뿐히 내려온다
> 가을이 타고 와서 산과 들에 진을 친다
> 동장군 선발대 오니 싸울 준비 바쁘다.
>
> 이웃집 담 너머로 늘어진 나뭇가지
> 빨갛게 익은 감이 연지 볼 색시 같다
> 인생도 저 과일처럼 곱살하게 익어가세.
>
> - 가을 단상

이 작품의 제목은 「가을 단상」이다. 제목과 시의 내용은 깊은 연관이 있다. 그런데 관련 없는 내용을 진술하는 경우가 있는데, 이럴 땐 독자들이 어찌할 바를 모르게 된다. 제1수 초장에서는 "노란 색 낙하산이 사뿐히 내려온다."고 하였다. 나뭇잎이 노랗게 단풍 들었다가 떨어지는 것을 낙하산에 비유한 것이다. 중장에서는 가을이 타고 와서 산과 들에 진을 친다고 하였다. 가을을 적과 싸우는 군사에 비유한 것이다. 동장군이 쳐들어오니 싸울 준비하느라고 바쁘다는 것이다. 이처럼 계절이 순환하는 것을 싸움에 비유하는 것은 처음 보는 일이다.

제2수는 계절 이야기가 아니고 홍시 이야기로 넘어갔다. 홍시도 「가을 단상」이라는 제목과는 부합되는 소재이다. 그

감나무의 가지가 이웃집 담 너머로 넘어가서 늘어져 있다는 것이다. 그 빨갛게 익은 감이 연지 곤지를 찍은 색시의 볼과 같다는 것이다. 역시 비유법을 교묘하게 사용하였다. 그러고는 자아의 느낌과 생각을 종장에 적어 놓았다. 우리 인생도 저 홍시처럼 곱게 잘 익었으면 좋겠다는 것이다. 홍시 이야기에 그치지 않고 인생 이야기로 확대 발전시킴으로써 시적 효과를 한층 끌어올렸다.

> 작다란 체구에다 버거운 삶의 질곡
> 힘겹게 짊어지고 한평생 달리셨다
> 지금도 새벽 깨우는 어머니의 발소리
>
> 죽으면 흙이 될 몸 아껴서 뭣에 쓰나
> 가난을 곱씹으며 자식에 던진 말씀
> 가슴에 메아리 되어 영원토록 울린다.
>
> 생전에 못 해 드린 자손의 보은 효도
> 때늦어 후회한들 되돌릴 수 없다 해도
> 나이테 늘어가면서 시린 마음 커진다.
>
> -사모곡思母曲

이 작품의 제목은 사모곡이다. 어머니를 그리워하고 생각하는 정이 너무 절실하다. 제1수는 살아계실 때의 모습을 그리면서 추억을 되새기고 있다. 제1수를 보면 작다란 체구에다 버거운 삶을 살아가셨다는 것이다. 질곡이란 표현을 썼는데, 그 힘든 상태를 벗어날 수 없었다는 것이다. 중장에서는 힘겹게 짊어지고 한평생을 달리셨다고 하였다. 즐거운 일은 없고 괴로운 일만 있으셨다는 말로 들린다. 종장은 이 작품의 결론부이다. 새벽을 깨우는 어머니의 발소리가 지금도 들리는 것 같다는 것이다. 그처럼 새벽부터 일하셨으니 어머니는 최선을 다하신 것으로 해석된다.

 제2수 초장에서는 "죽으면 흙이 될 몸 아껴서 뭣에 쓰나"라고 했는데, 몸을 돌보지 않고 일했다는 뜻이다. 그 말씀을 곱씹으며 자식들을 교육시키셨으니, 그에 대한 보답으로 황대사 같은 훌륭한 아드님을 얻으신 것으로 해석된다. 그래서 종장에서는 그 말씀이 가슴에 메아리되어 영원토록 울린다는 결론을 맺을 수 있었던 것이다.

 제3수 초장에서는 "생전에 못 해 드린 자손의 보은 효도"라고 했는데, 이것은 누구나 겪는 것이다. 효도를 충분하게 해드렸다고 생각하는 사람은 거의 없다 어버이 은혜는 태산 같다고 했는데 무슨 수로 태산 같은 은혜를 갚을 수 있단 말인가. 그래서 자식들은 후회하게 되고, 나이 들수록 시린 마음이 더 커지게 마련이다.

3. 나라 사랑

적막한 휴전선에
달빛은 차가운데

간장을 도려내는
억새 풀 피리 소리

고향의 그리운 얼굴
필름처럼 스친다

하현달 소슬바람
심리전 애곡 방송

바스락 낙엽 소음
초병 가슴 애태우네

양손에 무기 들고서
생과 사를 넘나든다.

- 전선의 야곡夜曲

    이 작품의 제목은 「전선의 야곡」이다. 제1수에서 적막한 휴전선이라 했는데, 이곳에서 홀로 보초를 서다 보면 그야말로 적막강산이다. 달빛은 차갑다고 했는데, 그래도 달이라도 떠 있으면 조금은 낫다. 깜깜 칠야에 홀로 있으면 외딴

섬이나 마찬가지다. 달빛이 차가우면 외로움을 더 느끼게 된다. 억새풀 피리 소리는 보초 서는 사람의 애간장을 다 녹인다. 종장에서는 "고향의 그리운 얼굴/ 필름처럼 스친다."고 하였다. 그 그리운 얼굴이 누구인지는 상상해 볼 수밖에 없다.

  적진에서는 심리전 방송을 내보낸다. 그 소리는 밤하늘을 찢는다. 듣기 싫어도 들을 수밖에 없는 것이다. 낙엽의 바스락 소리는 초병의 가슴을 애태우게 한다. 그러나 이러한 감상에 젖어 있을 수만은 없지 않는가? 군인은 군인의 의무를 다해야 한다. 양손에 무기 들고서 생과 사를 넘나들어야 한다. 때로는 목숨을 내놓고 싸워야 한다. 이 작품은 군대를 갔다 온 사람에게는 무한 감동을 느끼게 된다. 그야말로 나라 사랑하는 마음이 절로 일어나게 한다.

    편한 길 사양하고
    불길에 뛰어들어

    밤낮을 다 잊은 채
    정성껏 치료한다

    고맙다 멋진 천사들
    믿음직한 파수꾼.

수많은 난관 뚫고
　　성장한 우리 국민

　　전란도 이겨내고
　　환란도 극복했지

　　이번엔 병란 네 차례
　　바이러스 꼼짝 마.
- 코로나 의료진

　이 작품의 제목은「코로나 의료진」이다. 코로나가 이 땅에 유행한 지 3년여가 되는데, 이 역병은 우리 인간들을 너무 괴롭힌다. 이 역병을 못 이기고 져서 돌아가신 분들도 상당수 있다. 무엇보다도 제1선에서 코로나를 퇴치하기 위하여 싸우는 분들이 의료진이다. 이 분들이 편한 길을 사양하고 불길에 뛰어들었다는 것이다. 그 싸움터를 불길에 비유한 것이다. 밤낮을 다 잊은 채 정성껏 치료한다는 것이다. 이 분들의 노고로 우리는 안전할 수 있었던 것이다. 그래서 "고맙다 멋진 천사들/ 믿음직한 파수꾼"이라 결론을 내릴 수 있었던 것이다. 여기서 멋진 천사는 어여쁜 간호사들을 의미한다. 생김새도 예쁘고 하는 짓도 예쁘다는 것이다. 그래서 믿음직한 파수꾼에 비유하였다. 그 비유가 뛰어나다고 생각한다.

우리 국민들은 수많은 난관을 겪으면서 살아왔고 그 난관을 극복하고 성장한 자랑스러운 사람들이다. 이러한 일을 요약하면 6.25 같은 전란을 이겨내고, 외환위기 같은 환란도 이겨냈다. 이제는 역병이 왔으니 병란病亂에 해당되고, 그 바이러스들 꼼작하지 말라는 것이다. 자신 있게 물리친다는 의미가 함축되었다. 이러한 내용들이 우리의 역사와 관련이 있고, 그 밑바탕에는 나라 사랑 정신이 깔려 있다고 생각된다.

4. 해외 탐사

고요한 밤하늘에 선율이 일렁일렁
큰 무대 하늘과 땅 눈과 귀 시로잡고
만물이 하나가 되어 덩실덩실 춤춘다.

별처럼 빛나는 꽃 관객의 탄성 안고
지구촌 어디보다 세련된 불꽃축제
환상의 종합예술로 아련하게 울린다.

대륙을 감아 돌아 흑해로 흐르는 물
푸르게 출렁이며 짜릿한 신화 쓴다
헝가리 경삿날 피는 두나강의 전설화.

- 다뉴브강의 추억

황길신 시인은 젊어서 외교관 생활을 하여 외국을 둘러볼 수 있는 기회가 많았다. 그러니 해외여행을 신물 날 정도로 하셨을 것이다. 작품 「다뉴브강의 추억」도 외교관 생활을 하면서 보고 느낀 점을 잘 기억해 두었다가 작품으로 형상화했을 것이다. 다뉴브강은 헝가리에 있는데, 자연의 웅장한 모습을 시적으로 형상화하였다. 제1수에서는 고요한 밤하늘에 선율이 일렁거린다고 했는데, 이것은 다뉴브강의 강물이 일렁거리면서 흐르는 모습을 형용한 것 같다. 그러니 큰 무대는 하늘과 땅이고 만물이 하나가 되어 덩실덩실 춤춘다고 노래했을 것이다. 한마디로 다뉴브강의 장엄한 모습을 이렇게 묘사한 것 같다.

　　제2수는 밤하늘의 별꽃이 너무 아름다워 관객들이 탄성을 지르게 된다는 것이다. 그것을 지구촌 어디에서 보다 세련된 불꽃 축제라고 하였다. 그 모습이 환상의 종합예술로 승화되었다는 것이다. 그 이상 무엇을 더 이야기하겠는가? 강물은 대륙을 감아 돌아 흑해로 들어간다. 푸르게 출렁이면서 짜릿한 신화를 쓰고 있는 것이다. 이것을 "두나강의 전설화"라고 하였다. <짜릿한 신화>, <두나강의 전설화>란 말에 토를 달면 안 된다. 신화나 전설이란 말에 감복하는 수밖에 없다.

　　　참으로 신기하네 처음 본 동이 문화

은나라 갑골문자甲骨文字 배달민족 자랑거리
   조상의 웃음소리가 하늘에서 들린다.

   공맹孔孟의 깊은 철학 동양의 기본 윤리
   오늘의 첨단 문명 참뜻을 왜곡한다
   효 문화 바로 세우고 병든 세상 치유하세.

   광할한 대륙 평원 십사억 삶의 터전
   중국인 높은 콧대 와보니 알 듯하네
   동이족 뿌리를 보니 우리 조상 놀던 땅.
   　　　　　　　　　　　　 - 동이문화 답사

 이 작품의 제목은 「동이문화 답사」이다. 동이는 중국 측에서 우리 민족을 일컫는 별칭이다. 특히 만주, 중국, 몽골 등지에 동이문화의 유적지가 산재해 있다. 그동안 동이문화를 처음 접해 보니 신기하게 느껴진다는 것이다. 은나라의 갑골문자가 배달민족의 자랑거리라니 참으로 놀라운 일이다. 조상의 웃음소리가 하늘에서 들린다고 했는데, 기쁨의 소리인지 자기 비하의 소리인지 구분되지 않는다.

 공맹의 깊은 철학 동양의 인간의 기본 윤리라고 했는데, 우리나라는 조선시대 5백 년간 공자나 맹자를 찾으면서 세뇌되었다. 논어나 맹자를 교과서처럼 공부했는데, 너무 중국문화에 경도된 것 같다. 우리 민족의 기본사상은 충효사상이었다. 나라에 충성하고 부모에 효도하는 것이 사람 된

도리였다. 이런 정신문화가 무너지면서 병들게 된 것이다. 효는 만행의 근원이라고 생각한다. 시선을 밖으로 돌리니 광활한 대륙에 십사억 인구가 살고 있다. 덩치만 컸지 중공 오랑캐가 된 것이다. 이곳에 와서 동이족 뿌리를 보니 그곳이 우리 조상이 놀던 땅이었다는 것이다. 그러나 지금은 남의 땅, 잃어버린 땅이 되어버린 것이다.

5. 표현 기교

>하늘 땅 그 사이에
>친환경 단독주택
>
>폭풍우 몰아쳐도
>천둥이 내리쳐도
>
>그 어떤 자연재해도
>걱정 없는 보금자리.
>
>　　　　　　　　　　- 까치집

시조는 한 송이 꽃과 같다. 꽃은 아름답고 향기로워야 한다. 마찬가지로 시조도 아름답고 향내 나고 멋있어야 한다. 그러려면 표현 기교가 뛰어나야 한다. 이 표현 기교는 어느 날 갑자기 하루아침에 이루어지는 것은 아니다. 언어를 갈고 닦고 다듬어야 한다. 그러면 남들이 흉내 낼 수 없는 맛과 멋이 있는 작품이 되는 것이다.

　이 작품의 제목은 「까치집」인데, 그 까치집이 하늘과 땅 그 사이에 있는 친환경 단독주택이 되었다는 것이다. 그 까치집을 친환경 단독주택에 비유한 것이다. 사람들은 오염된 주택에 살고 있고, 까치들은 친환경 주택에 살고 있으니, 완전히 주객이 바뀐 것이다. 그 까치집을 얼마나 잘 지었는지, 폭풍우가 몰아쳐도 천둥이 내리쳐도 망가지거나 부셔질 염려가 없다. 사람들이 사는 집은 홍수가 나면 물에 잠기거나 떠내려가는 경우가 있고, 불이 나서 전소되거나 잿더미로 변하는 수가 있는데, 까치집은 그런 걱정이 없는 편안한 보금자리라는 것이다. 최상의 안식처이다. 여느 때는 나무 위에 얼기설기 엮은 까치집을 무심히 보고 지나쳤는데, 이제는 관심 있게 보고 잘 지은 집이란 것을 깨달아야 하겠다.

　이제까지 황길신 시인의 작품을 통독하고 많은 느낌을 받았다. 무엇보다도 비유가 뛰어나다. 남들이 생각할 수 없는 비유법을 써서 참신하다는 느낌을 받았다. 그만큼 작품의 수준을 끌어올린 것이다. 또 평이하고 쉬운 우리말을 잘 부려서 쓰셨다. 어려운 한자어나 난해한 단어를 쓰지 않아 부드럽고 물이 흐르는 것처럼 자연스럽다. 정형과 율격을 잘 지켜서 정도를 걷는 느낌을 받았다. 정격의 시인이라 할 수 있다.

① 작품 수준을 한 단계 끌어 올린 것 같다. 갈고 다듬은 흔적이 보인다.

② 제1부에서는 향토적이거나 시골 냄새를 풍긴다.

③ 각 작품에는 나라 사랑 정신이 배어 있다.

④ 긍정적인 인생관이 나타난다.

⑤ 외국을 많이 다니면서 견문을 넓히셨다고 본다.

⑥ 읽을 맛이 나는 작품을 썼다.

이밖에도 자랑거리가 많은데 이만 줄이고 독자의 상상력에 맡긴다. 좋은 작품 선보인 것을 축하드리고 문운과 건강이 함께하시기를 빈다.